Jörn Heller · Frische Verse

Jörn Heller

Frische Verse

Mit Illustrationen vom Autor

———

JHV

Zweite Auflage 2016

Erste Auflage 2003

© Jörn Heller Verlag

Hundgasse 31, 57072 Siegen

Telefon: (02 71) 2 33 01 85

www.joernheller.com

joehel@gmx.de

Satz, Einbandgestaltung, Illustrationen: Jörn Heller

Druck: Vorländer GmbH & Co. KG, Siegen

ISBN 978-3-935555-11-1

*Wovon das Herz voll ist,
davon geht der Mund über.*

Matthäus 12,34

*Wo viel Worte sind,
da hört man den Toren.*

Prediger 5,2

INHALT

I.	Alltägliches	9
II.	Menschliches	25
III.	Gesellschaftliches	49
IV.	Natürliches	67
V.	Vergrübeltes	83
VI.	Gescheites	99
VII.	Frommes	107

I. ALLTÄGLICHES

Fast

Fast wär alles gut gegangen,
beinah war ich schon so weit,
felsenfeste zu beschließen:
Mönch für alle Ewigkeit!

Bestens wäre mir bekommen
die Enthaltsamkeit hienieden,
herrlich wär es mir ergangen
als Asket im Seelenfrieden.

Maßvoll hätte ich empfunden,
weise hätte ich gehandelt,
kummerfrei wär ich geblieben,
gramlos stets einhergewandelt.

Ach, was wär das schön geworden,
wie viel Spaß hätt ich gehabt
mit mir selbst als Klosterbruder,
beinah hätte es geklappt!

Und dann ging die Bahntür auf,
und plötzlich schoss der Lenz herein,
blickte sonnig, grüßte wonnig,
und schon fiel mir nichts mehr ein.

Ein paar ungeschickte Worte,
ohne Stil und ohne Sinn,
kramte ich bemüht zusammen,
kopflos schwebte ich dahin.

Herr im Himmel, welcher Teufel
ist es diesmal nur gewesen,
der mich ritt, damit ich sterbe
für ein namenloses Wesen?

Fort ist nun der Seelenfriede,
wieder da der alte Wahn,
felsenfeste die Entscheidung:
jeden Morgen Straßenbahn!

In der Straßenbahn

Lampenfieber in Linie eins,
beschleunigter Puls auf zwei Gleisen,
knallrote Ohren, ein Bonbon im Mund,
qualvolles, endloses Reisen.

Hauptbahnhof, Zielpunkt, die Türen gehn auf,
herein bricht die wartende Menge! –
Die Augen gesenkt in ein wortloses Buch,
ein flüchtiger Blick ins Gedränge!

Herzschlag! Inmitten von Mänteln und Mützen,
von Armen und Beinen und Füßen:
zwei freundliche Augen, ein liebes Gesicht,
ihr wärmendes Lächeln und Grüßen!

Betracht

Lächelt dich ein holdes Wesen
zärtlich an, zu mehr bereit,
zieh in diesem schönen Falle
in Betracht die Möglichkeit,

dass du, wenn sie ehrlich wäre,
für sie nichts Besondres bist
und sie, um es dir zu zeigen,
einfach nur zu schüchtern ist!

Schwimmengehen

Aufstehn, anziehn,
waschen, Frühstück,
packen, fertig –
fein!

Radfahrn, parken,
Schwimmbad, Pforte:
Schranke, Karte –
rein!

Umziehn, duschen,
heiß, kalt,
Anlauf, Absprung –
plumps!

Beine, Arme,
Beine, Arme,
Beine, Arme –
rumps!

Arme, Beine –
hust, hust!
Arme, Beine –
prust!

Beine, Arme –
schluck, schluck!
Beine, Arme –
gluck!

Arme, Beine,
Barme, Eine,
Eine, Barme –
raus!

Duschen, trocknen,
umziehn, fönen,
Schranke, Karte –
aus!

Im Schwimmbad

Vorsicht im Schwimmbad frühmorgens um acht,
es kommen vom Duschraum die Alten!
Nehmt euch in Acht, wenn die Omas mit Macht
im Becken ihr Kränzchen abhalten!

Im Nichtschwimmerteil gibt's gechlorten Kaffee
und Schwimmflügeleckchen mit Sahne,
auf Luftmatratzdeckchen steht Shampoobaiser,
am Rand die Seniorenstiftfahne.

Geschlossen die Reihen schiebt weltabgewandt
die plantschende Front durch die Wellen
mit Krankheitsgeschichten auf neuestem Stand
und anderen ollen Kamellen.

Schwimmt niemals zu dicht in die schwatzende Flut,
legt niemals euch an mit den Alten
und seid auf der Hut vor der rudernden Brut,
dem Schwimmhaubenrudel mit Falten!

Rasenmähen

Spring an, sauf ab, spring an, sauf ab,
spring an, spring annn, spring annnnn.
Vorwärts, rückwärts, vorwärts, rückwärts,
vorwärts, seitwärts, rannnnn.

Achseln nass, Schuhe grün,
Kopf tomatenrot,
Rasen kurz, Blumen weg,
fünfzehn Schnecken tot.

Wie bisher

Alles geht so weiter wie bisher.
Schade, dass es jetzt so häufig regnet
und man schon dem Rhein im Harz begegnet.
Doch wen stört das, bitte sehr?
Alles geht so weiter wie bisher.

Alles geht so weiter wie bisher.
In den Alpen fällt der Schnee jetzt aus Kanonen.
Schade, dass wir nicht in Finnland wohnen.
Doch wen stört das, bitte sehr?
Alles geht so weiter wie bisher.

Alles geht so weiter wie bisher.
Soll uns doch mal erst noch jemand zeigen,
wo genau die Meeresspiegel steigen.
Außerdem, wen stört das, bitte sehr?
Morgen kaufen wir ein Auto mehr!

Murphys Gesetze

Es fällt das Brötchen
    auf die Butter,
der Akku beim Handy
    im Pannenfall aus,
im größten Chaos
    besucht dich die Mutter,
du stehst im Regen,
    dein Schirm steht zu Haus.

Du stellst dich ans Ende
    der langsamsten Schlange,
verliebst dich in Frauen,
    die du nicht kriegst,
hast Grippe im Urlaub,
    kriegst halbsieben Kundschaft
und Blumen von Frauen,
    die du nicht liebst.

Neue Häuser

Vorbei die Zeit
von Prunk und Protz,
man wird bescheiden,
man baut wieder Klotz.

Waschbetonburgen,
in der Altstadt gelegen,
des grandiosen
Kontrastes wegen.

Fenster sind out,
man hat wieder Schlitze,
Festungsanlagen und
Schießschartenschlitze.

Man baut wieder Klotz
aus Beton und aus Stahl –
lieber hässlich
als normal!

Küchendrama

Auf mühlradgroßem Porzellan,
umlagert von Gewürzchen,
ertrinkt in einer Soßenspur
ein angebratnes Fürzchen.

Am Tellerrande hat bereits
zu fraglichen Genüssen
ein blutender Orangenscheib
sein Leben lassen müssen.

Und aus dem Kochtopf schauen zwei
errötende Crevetten
dem Fürzchen beim Ertrinken zu
und können es nicht retten.

Internet

Fieberhaftes Warten
auf E-Mails, die nicht bleiben,
Bildschirmgrüße von Menschen,
die sonst dir niemals schreiben,

Posteingang von Viren,
die niemand dir entfernt,
Chat mit fremden Leuten,
die man nicht kennenlernt.

Surfen bis um Mitternacht,
bis dir der Schädel raucht,
fahnden nach tausend Dingen,
die niemand wirklich braucht,

modemgestütze Suche
nach Frauen, die's nicht gibt,
erotische Bilder von Mädchen,
von denen dich keines liebt.

Manches hilfreich, manches neu
und manches schon bekannt,
vieles schön und vieles schrecklich,
alles interessant.

Die bunte Welt des Internet,
die Welt des flüchtigen Blicks,
die schnelle Welt des Jetzt oder Nie,
die Welt des Mauseklicks,

dein treuer Freund in einer Zeit
der Ungeduld und Eile,
dein starker Helfer in der Not
von Frust und Langeweile.

Die bunte Welt des Internet,
die Welt der tausend Freuden,
dein Eingangstor zum Müßiggang,
zum Zeit- und Selbstvergeuden.

Verpackungswahn

Buchblock im Einband,
Einband im Umschlag,
folienverschweißt
und verpackt zum Geburtstag,

Tütchen darüber
mit Tesafilmlasche,
letzte Versiegelung:
Tragetasche!

II. MENSCHLICHES

Freunde

Freunde sind das größte Glück,
Freunde sind dir immer nah,
Freunde sind zu allen Zeiten,
nicht nur, wenn dir's gut geht, da.

Freunde lesen die Gedanken
hinter deinen Sorgenfalten,
Freunde reden, wie sie denken,
sagen, was sie von dir halten.

Freunde klopfen keine Sprüche,
stellen keine dummen Fragen,
Freunde spucken in die Hände
und sie tun das, was sie sagen.

Freunde geben dir die Richtung,
wenn du heillos dich verrennst,
denn es kennen dich die Freunde
besser, als du selbst dich kennst.

Freunde bringen dich zum Lachen,
wenn dir grad zum Heulen ist
und sie bleiben deine Freunde,
auch wenn du zum Kotzen bist.

Freunde sind der größte Glücksfall,
der dir nur passieren kann.
Hast du keine, such dir welche,
schaff dir heut noch welche an!

Frustrierte

Leute gibt's, die ihren Frust
alleine schlecht ertragen
und darum gern die Glücklichen
mit ihrem Unglück plagen.

Mit Wohlbehagen stochern sie
in deren grader Lebensspur
und suchen rastlos dort nach dem,
was ihnen selber widerfuhr.

Wer glücklich ist, der lasse sich
von ihnen nicht zerknirschen
und esse mit den Bitteren
nicht allzu viele Kirschen!

Frustriertenlied

Mir geht es schlecht,
dir geht es gut,
du strotzt vor Glück
und ich vor Wut!

Ich werd dir *deine* gute Laune
schon verderben,
damit wir *beide* mal
als Schlechtgelaunte sterben!

Dir folge *ich* mit meinem Hass
auf Schritt und Tritt!
Erst wenn du grau bist, Strahlemann,
dann sind wir quitt!

Handwerker

Sei dankbar, wenn sie kommen,
sie kommen schon irgendwann,
es kommt doch nicht auf Stunden
und nicht auf Tage an!

Nimm dir drei Wochen Urlaub,
und gehe nicht mehr aus,
so bist du, wenn sie bei dir sind,
mit Sicherheit zu Haus!

Doch sind sie angekündigt,
zu zweit, zu dritt, zu viert,
dann sei nicht bös, dann könnt es sein,
dass' etwas später wird.

Und sind sie dann erschienen,
geht alles von allein:
sie packen zu und in den Lohn
die Pausen mit hinein.

Und wenn sie wieder weg sind,
dann wird es offenbar,
verrät ein Blick ins Treppenhaus:
sie waren wirklich da!

Und kriegst du dann die Rechnung,
fang nicht zu toben an,
das Werkzeug war aus Platin und
die Anfahrt aus Tadschikistan!

Antichristen

Sie stecken ihre Nase gern
    in jeden kleinen Topf,
bekennen ihren Glauben
    ungefragt.
Sie schwatzen dir ein drittes Ohr
    und einen dicken Kopf,
was niemand wissen will,
    es wird gesagt.

Sie reden so, als seiest du
    ein Esel oder Rind,
sie haben ihr Gesetzbuch
    gut studiert,
sie wissen alles besser,
    weil sie Bibelchristen sind,
und sind doch häufig
    wenig informiert.

Und wenn man dann die Nase rümpft
    und das Gesicht verzieht
und etwas grob und störrisch wird
    und bockt,
dann ist es doch nur schriftgemäß,
    was leider grad geschieht:
es ist die Welt halt böse
    und verstockt!

Es bleibt dabei, dass *sie* die Welt
    mit *andern* Augen sehn,
sie geben dir ganz deutlich
    zu verstehn,
dass *du* mit deinem Glauben nicht
    von ihresgleichen bist
und *ihre* Religion
    die wahre ist.

Der freundliche Verkäufer

Sechs Uhr hab ich Feierabend,
kurz nach sechs geh ich nach Haus,
lasse dort an meinen Lieben
meine gute Laune aus.

Und dann tret ich meine Katze
und beschimpfe meine Frau,
mache meinen Sohn zur Schnecke
und mein Töchterchen zur Sau.

Danach esse ich zu Abend,
seh dabei die Tagesschau,
und dann schlag ich meine Kinder,
Uschi grün und Hannes blau.

Morgens aber bin ich wieder
freundlich wie ein Engelein:
„Guten Tag, Frau Sowieso!
Wie geht es denn, was darf es sein?"

Schwaben

Erzählst du mal etwas,
erzählen sie nichts,
sie lauschen dir
schweigenden Angesichts.

Sei froh, wenn sie einmal
Interesse dir schenken,
erfahrn wirst du nie,
was sie über dich denken.

Aus ihrem Mund
dringt nur selten ein Hauch,
doch was sie nicht sagen,
das meinen sie auch.

Ihr seltsames Fremdeln,
nimm es in Kauf,
wenn du erst tot bist,
tauen sie auf.

Bitte an die Schwaben

Kommt, sprecht mich an, ich beiße nicht,
ich lasse mit mir reden!
Ich plausche gern, ich schwätze gern,
ich grüße jede und jeden!

Kommt, quatscht mich an und fragt mich aus,
kommt, traut euch aus dem Häuschen,
kommt, seid ein wenig indiskret,
spielt bei mir etwas Mäuschen!

Lasst uns ein wenig enger sein,
ein bisschen menschlich eben!
Ich tu euch nix, ich will doch nur
ein bisschen Spaß im Leben!

Bitte an die Westfalen

Kommt, seid ein wenig vorsichtig,
kommt, sprecht ein wenig leiser!
Kommt, redet, wenn ihr Sprüche kloppt,
ein kleines bisschen weiser!

Ich bitte euch, seid ab und zu
für fünf Minuten still,
und wenn ihr etwas sagen müsst,
fragt, wer es wissen will!

Verschont mich mit Geselligkeit,
zumindest dann und wann!
Bedenkt, dass man ein Zwiegespräch
nicht immer brauchen kann!

Bei uns in Westfalen

Bei uns steht der Mensch
    mit drei Beinen am Boden,
bei uns werden Häuser
    auf Eisen gebaut,
bei uns spricht man Klartext
    und singt keine Oden,
uns stört nicht, wenn man uns
    ins Dachstübchen schaut.

Bei uns wird das Wort
    Pi mal Daumen gewogen
und nicht auf die goldene
    Waage gelegt,
bei uns wird mit *deutlichen*
    Worten gelogen
und *offen* vor fremder Leuts
    Haustür gefegt.

Bei uns isst man Eintopf
    und Schwarzbrot mit Schinken,
es wird beim Genießen
    kein Aufstand gemacht,
wir sagen's den Leuten *direkt*,
    wenn sie stinken,
und haben wir Spaß, dann wird
    hörbar gelacht.

Bei uns ist das Grün einfach
    grüner als sonstwo,
denn nirgends wird so viel
    geregnet wie hier,
bei uns ist der Mensch einfach
    anders als sonst so,
denn wir sind Westfalen,
    kein Volk ist wie wir!

Lebenslauf

Sie hatte eine Arbeit, die ihr nicht so recht gefiel,
sie wusste nicht so richtig, was sie kann,
sie lebte auf gut Glück und ohne abgestecktes
    Ziel
und nahm den ersten besten Freund zum Mann.

Sie mochte ihn sehr gern und hat doch niemals ihn
    geliebt,
sie schenkte ihm zwei Kinder als Entgelt
und tat, was für die Hausfrau es an Tätigkeiten
    gibt,
und spielte ein paar Jahre heile Welt.

Dann baute sie mit ihrem Mann ein Häuschen
    auf Kredit,
dann gingen bald die Kinder aus dem Haus,
es gingen dabei unbemerkt die Lebensgeister mit
und dazu ihrem Mann die Worte aus.

Nun sitzt sie in der Sonne auf dem Eigentums-
   balkon,
und alles ist bedeutungslos und leer.
Die Ärzte, sie vermuten: endogene Depression.
Und niemand ahnt und keiner weiß, woher.

Körperpflege

Seit ihrem Urlaub letztes Jahr
sind Klaus und Ute nun ein Paar.
Verliebt war Klaus seit Langem schon
in Utes dralles Silikon.

So machte sie ihm schöne Augen
und ließ sich für ihn Fett absaugen.
Er ließ sich Haare implantieren,
um sich vor ihr nicht zu genieren.

Nun sind die beiden fest liiert
und bald auch gründlich renoviert:
um die Beziehung recht zu würzen,
lässt er sich bald die Nase kürzen.

Damit ihr Mann beim Küssen schwitzt,
kriegt sie die Lippen ausgespritzt,
und er, damit es Ute lüstet,
das müde Stoßwerk aufgerüstet.

Im Herbst bekommt sie neue Haut
und eine Rippe ausgebaut,
und für das Frühjahr sparen sie
auf eine neue Kinnpartie.

Frauschau

Schulmädchenäugelein,
Jungfrauennäschen,
Fräuleinchenwunder
mit Kindergesäßchen.

Perlzwiebelwinziges
Nichts unterm Hemd,
unter die Arme
ein Täschchen geklemmt.

Salzstangenbeinchen,
gezwängt das Gestänge
in hauchdünne Höschen,
wurstpellenenge.

Kettchen am Knöchel,
der Bauch etwas blank,
das Ganze gut duftend
und alles schön schlank.

Irgendwie fraulich
und doch nicht so ganz:
die Knochengerüstchen
mit Pferdeschwanz.

Einwände

Nummer eins war sehr quirlig,
aber machte zu viel Sport,
Nummer zwei hatte Busen,
allerdings am falschen Ort.

Nummer drei war poetisch,
doch dabei so gut wie stumm,
Nummer vier war gesprächig,
aber leider schrecklich dumm.

Nummer fünf hatte Tiefe,
aber immer ein Problem,
Nummer sechs war gemütvoll,
aber fürchterlich bequem.

Nummer sieben hatte Grübchen,
aber Akne im Gesicht,
Nummer acht hatte Hintern,
doch vom Hintern lebt man nicht.

Nummer neun hatte Klasse,
aber Eltern im Genick,
Nummer zehn war humorvoll,
aber dafür ziemlich dick.

Nummer elf hatte Kohle,
aber leider einen Mann,
Nummer zwölf war sehr zärtlich,
aber fingerte mich an.

Mir hat keine ganz gefallen,
mich hat keine überzeugt!
Mir geht diese viel zu grade
und die andre zu gebeugt,

mir ist die zu ernst und nüchtern,
die zu laut und die zu still,
ich werd immer etwas finden,
weil ich Single bleiben will!

Entschlossenheit

Du schminkst dir alles von der Backe
und bläst zum Rückzug vom Gefecht,
du suchst dir gute Argumente
und legst dir alles schön zurecht.

Du bist entschieden und dir sicher,
das Ganze habe keinen Zweck,
und dann kommt *sie* und reißt dir froh
den Boden unter den Füßen weg!

III. GESELLSCHAFTLICHES

Karneval

Heute trägt die Bäckerin ein Hütchen,
kichernd fragt sie: „Möchten Sie ein Tütchen?"
Nächste Woche fragt sie ganz normal,
diese Woche hat sie Karneval.

Heute ist der Metzger Kavalier,
fingert, grapscht und spielt den wilden Stier.
Diese Woche macht er einen drauf,
nächste Woche fällt er nicht mehr auf.

Heute tut ein jeder, was er will,
nächste Woche wird es wieder still.
Ein paar Tage Jux und Dollerei,
und dann ist der ganze Spaß vorbei.

Erster Mai

Fressen, saufen, fressen, saufen,
Lieder grölen im großen Haufen,
regungslos im Bierzelt sitzen,
Fett aus allen Poren schwitzen,

gierig sein nach jungen Dingern,
schmierig alle plump befingern,
torkelnd durch die Masse drängen,
kotzend vor der Schüssel hängen.

Bierfest

Seht, die alten Miesepeter
haben plötzlich gute Laune,
ganz verstummt ist ihr Gezeter,
sie lachen laut, man höre und staune,

sprechen dich überall feuchtfröhlich an,
machen mit dir die Gläser leer. –
Am nächsten Tag in der Straßenbahn
kennt und grüßt dich keiner mehr.

Clubanfrage

Man hätte gerne Blasmusik
für eine Feierstunde,
man möchte mal was anderes
für seine feine Runde.

Die Musik sollte festlich sein
und das Programm recht bunt,
das Ganze aber nicht zu laut,
mehr für den Hintergrund,

dezent, galant und anspruchsvoll,
so wünscht es der Verein.
Es sollte was Besonderes
und nicht zu teuer sein.

Kunstverein

Bildungsbürgers Monatstreffen,
Stammtischreden mit Niveau,
kultureller Meinungsaustausch,
dazu Rotwein aus Bordeaux.

Heute ist zu diskutieren,
was man künftig planen soll.
Alle äußern ihre Wünsche,
einer schreibt ein Protokoll.

Möglich wär ein Liederabend,
denkbar auch ein Auftragsstück
eines renommierten Künstlers,
Kleingeld hat man ja zum Glück.

Viele glänzende Ideen,
alle hält man schriftlich fest,
sieben werden durchgesprochen,
in vier Wochen folgt der Rest.

Fest stehn für die nächste Sitzung
schon drei Punkte jedenfalls:
gleiche Uhrzeit, gleicher Treffpunkt,
Spätburgunder aus der Pfalz.

Moderne Lyrik

Über eine leere Seite
schweben still in Haaresbreite
ein paar auserlesne Wörtchen,
exquisit wie Sahnetörtchen.

Durch die Zeilen, kühl und herb,
huscht ein unbestimmtes Verb,
welches heimlich zu sich rief
ein verwaistes Adjektiv,

das sich am geplanten Ort
mit dem rechten Nachbarwort
nicht so recht befreunden wollte,
was es nach dem Dichter sollte.

Die bewährten Großbuchstaben,
wie sie Wörter manchmal haben,
hat derselbe unverfroren
unter anderm kurzgeschoren.

Jeder Satz ist kurz und knapp,
denn der Autor lehnt es ab,
des Gedichtes Wirkung wegen
seine Absicht festzulegen.

Diese näher zu erfassen,
bleibt dem Leser überlassen,
welcher, hat er sie gesichtet,
lieber selber etwas dichtet.

In Gesellschaft

Wir aßen viel, wir tranken viel,
wir schlugen mächtig Schaum,
wir sagten dies und sagten das
und unterhielten uns kaum.

Wir gaben an, wir schnitten auf,
wir gaben uns sehr weise
und taten klug und informiert
in unserm feinen Kreise.

Wir legten mächtig uns ins Zeug,
wir blickten tief und weit
und tratschten über Politik,
als wüssten wir Bescheid.

Dann gingen wir erschöpft nach Haus
und legten uns aufs Ohr,
ein jeder leer und unerfüllt
und einsam wie zuvor.

Zu Besuch

Hände geschüttelt,
bekannt gemacht,
freundlich getan,
gequält gelacht.

Üppig gegessen,
ganz vorzüglich,
Wein getrunken,
alles vergnüglich.

Höflich geplaudert,
bla bla bla,
Witze gerissen,
ha ha ha.

Hände geschüttelt,
ein letzter Spaß,
ab nach Hause –
öde war's!

Festvortrag

Kein Konzept, kein roter Faden,
hochgescheites Allerlei,
wapernde Ideenschwaden,
noch mehr Besserwisserei.

Starke Sprüche, steile Thesen,
tausend Dinge angefragt,
hohe Gage, teure Spesen
und am Ende nix gesagt.

Mag all das auch niemand fassen,
lauscht man doch mit ruhigem Blut
und nimmt alles ganz gelassen,
denn das Essen war sehr gut.

Kirchliche Denkschrift

Die Köpfe haben ausgeraucht,
die Sitzung schloss um vier,
beendet ist der Arbeitskreis
und fertig das Papier.

Der hohe Geist ist stillvergnügt
und stolz auf jedes Blatt,
auf das, was zäh man jahrelang
beim Tee verhandelt hat.

Man resümiert, die Einigung
sei epochal gewesen,
nun geht das Schriftstück in den Druck,
und niemand wird es lesen.

Posaunenchor

Ich spiel die kleine Tuba,
bin im Posaunenchor.
Mein Nachbar hat ein Instrument
und ich ein Ofenrohr.

Der Jakob spielt Tenorhorn
und Gustl Bariton,
die Irmgard macht den Dirigent
und kennt die Stücke schon.

Der Ulrich spielt Posaune,
hört, wie es sanft herüberweht,
und staunt, wie Thomas intoniert,
wenn „droben die Kapelle steht!"

Wie einfach ist das Leben,
wenn's aus den Blechen föhnt
und wenn ein ernster Bachchoral
aus allen Löchern tönt!

Ein Tusch für die geliebte Welt!
Musik ist wunderbar,
doch nichts geht über Blasmusik!
Uffta uffta ufftata!

Hübsch gesagt

Wenn du deinen Job verlierst
und deine Frau läuft weg,
und wenn du nicht mehr dreißig bist
und Rost ansetzt und Speck,

wenn dein Gehalt dann knapper wird,
du nicht mehr zahlen kannst,
wenn tausendmal beim Arbeitsamt
du ganz umsonst antanzt

und wenn die guten Freunde plötzlich
nicht mehr nach dir fragen
und wenn bis über beide Ohren
deine Schulden ragen

und wenn dich dann der Mut verlässt,
dein Selbstbewusstsein schmilzt
und wenn mit schlechtem Billigschnaps
du deinen Kummer stillst

und wenn am Ende mittellos
du auf der Straße sitzt,
besinnungs-, ziel und mittellos,
versoffen und verschwitzt,

dann gaffen dich die Leute an,
entrüsten sich und fluchen:
„Es soll das faule Penner-Aas
sich lieber Arbeit suchen!"

Nicht wie die andern

Tu dich nur hervor,
man holt dich schon zurück,
sei nur recht zufrieden,
man haut dir schon ins Glück!

Heb dich ab, komm groß heraus,
du wirst schon klein gehalten,
sei fröhlich und sei unbeschwert,
man sorgt schon für die Falten!

Und wenn du alt und gramzerfurcht
musst aus dem Leben wandern,
dann rühmt man laut an deinem Grab:
„Er war nicht wie die andern!"

IV. NATÜRLICHES

Zugfahrt

Fliehende Landschaft, weichende Geister,
langsam weitet sich dein Blick,
die Gedanken gehn auf Reisen,
und der Nebel bleibt zurück.

Ein Stück Welt liegt dir zu Füßen,
plötzlich stellt sich Himmel ein,
klare Sicht, befreiter Sinn:
nichts wollen, nichts müssen und einfach – sein!

Deichwanderung

All seine Sinne in die Ferne lenken,
vom Wind sich mit den Wolken treiben lassen,
nicht mehr in kleinen Nichtigkeiten denken,
mit leeren Händen in den Himmel fassen!

Durch Möwenklänge und durch Salzduft wandern,
die Flügel sturmgebläht, um unterdessen,
ein krummer Grashalm unter vielen andern,
für kurze Zeit als Ich sich zu vergessen!

Ans Meer gelehnt, mit Glück in der Tasche,
auf hoffnungsgrünem Weg nach vorne streben
und statt wie Phoenix aus der Asche
als neues Ich sich aus der Flut erheben!

Das Meer

Das Meer fragt nicht danach, was ist,
nicht, was du kannst, nicht, wo du stehst,
das Meer, es fragt nicht, wer du bist,
woher du kommst, wohin du gehst,

das Meer spült fort, sein Wind weht weg,
sie schern sich nicht um Sinn und Zweck.
So, wie es ist, so ist es gut. –
Ebbe und Flut, Ebbe und Flut.

Denk an das Meer

Denk an das Meer und seine Kraft,
an Wogen, Gischt und Wellenspiel,
denk, wenn der Geist in dir erschlafft,
du ohne Heimat bist und Ziel,

an Wind und Weite, Sturm und Flut,
wenn matt du bist, zermürbt und schwer,
tief atme durch, fass neuen Mut,
schöpf neue Kraft, denk an das Meer!

Stell dich vors Meer

Stell dich vors Meer
und vergiss deine Sorgen,
betrink dich mit Seeluft
und denk nicht an morgen!

Verschlinge die Wellen,
spei aus allen Groll
und schlag dir den Magen
mit Freiheitsduft voll!

Lass von den Wogen
dich kraftvoll durchbrausen,
lass dir vom Sturme
die Haare zerzausen!

Spiel mit dem Dünensand,
froh wie ein Kind,
lausche den Möwen
und sprich mit dem Wind!

Entschwebe dem Alltag
und nach deiner Landung
stell dich als starker Fels
in deine Brandung!

Fährfahrt I

Fährfahrt morgens, zehn Uhr fünfzehn,
Reling, Hecksicht, Blick zurück:
aufgewühlte Tiefen, schwindendes Festland,
vergangene Zeiten, verlorenes Glück.

Reling, Bugsicht, Blick nach vorne:
Horizontstreifen im Sonnenlicht,
Vollkraft voraus, Nase im Wind,
unter dem Himmel: Land in Sicht!

Fährfahrt II

Die See liegt hell im Morgenlicht
und still der Abschied über ihr,
die Zukunft vor dir wie ein Berg
und all das Schöne hinter dir.

Das Schiff legt ab, du schaust dich um,
du blickst zurück und dir wird klar,
warum am dritten Schöpfungstag
der liebe Gott so glücklich war.

Ostfriesland

Ostfriesland malt, und seine Farben
sind Grün und Weiß auf blauem Grund.
Schaut, was es aus dem Hute zaubert:
was eben grau war, ist jetzt bunt!

Ganz unbekümmert schafft der Maler
auf unsichtbarer Staffelei
famose flüchtige Gemälde,
denn was er malt, ist gleich vorbei.

Ein jedes seiner Meisterwerke
wird weggewischt mit einem Streich,
und was noch eben farbig war,
verwandelt sich in Grau sogleich.

Der Künstler lebt zurückgezogen,
oft bleibt er wochenlang zu Haus,
zieht über sich den Himmel zu
und wäscht die bunten Pinsel aus.

Nasenurlaub

Fahr ich Fahrrad, freut sich balde
meine stadtverseuchte Nase.
Unbeschreiblich riecht's am Walde
bei Herrn Fuchs und bei Frau Hase.

Würzig riecht die Tannholzbrise,
herb und kräftig riecht der Torf,
herrlich riecht die nasse Wiese
und noch besser riecht das Dorf:

Apfelduft lädt ein zum Naschen,
irgendwer hat grad gemäht,
hat am Morgen frisch gewaschen
und im Frühjahr Dill gesät.

Bratenduft dringt aus der Küche!
Ich fahr lachenden Gesichts
durch die vielen Wohlgerüche,
denn das alles kostet nichts!

Mintenbecke

Gleich beim Hügel hinterm Schlosse
knabbert unbeschwert und munter
sich ein stilles kleines Bächlein
durch das Grün ins Tal hinunter.

Ein paar krumme Weidenpfähle
passen auf das Bächlein auf,
und vereinzelt zeigt ein Bäumchen
hilfsbereit den Uferlauf.

Friedlich schlängelt sich das Bächlein
unbekümmert durch den Rasen,
wo hangaufwärts, nachbarschaftlich,
sorgenfrei die Kühe grasen.

Niemand muss hier Sorgen haben,
denn am Talrand wacht der Wald,
ernst und dunkel, immergrün,
ewig jung und doch so alt.

Du verträumter lieber Landstrich,
Paradieschen um die Ecke,
ich komm gerne dich besuchen,
süße kleine Mintenbecke!

Wieder

Ich freu mich, dass die Bäume wieder sprießen,
ich freu mich, dass die Sonne wieder scheint,
ich freu mich, dass die Menschen wieder niesen,
der Himmel nicht mehr ganz so häufig weint.

Ich freu mich, dass die Vögel wieder lärmen,
ich freu mich, dass es wieder Farben gibt,
ich freu mich, dass die Pärchen wieder schwärmen
und dass der Has die Häsin wieder liebt.

Die Schöpfung läuft umher im Morgenmantel,
es weht ihr Haar im frischen kühlen Wind,
sie singt und schwingt ganz mühelos die Hantel
und jubelt, dass das Leben neu beginnt.

Morgenstimmung

Die Welt gleicht einem aufgeschnittnen
 Brötchen,
sie dampft noch schwach im ersten Licht
 und duftet noch ganz frisch,
am Himmel glüht ein letztes Morgenrötchen,
die Sonne kleckst schon honigdicke
 Strahlen auf den Tisch.

Der Wind hat in der Stadt grad frisch gelüftet,
die Wolken ziehn wie Eierschnee
 und weiße Schokolade,
die Wiesen sind noch nacht- und taudurchdüftet,
und alle Häuser schimmern gelb
 wie Pfirsichmarmelade.

Die Entstehung des Rothaargebirges

Als unser Herrgott sterbensmatt
nach arbeitsreichem Schöpfungstag,
von all der Schöpferei ganz platt,
im Sauerland zu Bette lag,

vergaß er wohl, nach tiefem Schlaf
im Schatten deutscher Eichen
vor seinem Frühstücksei noch brav
das Laken glattzustreichen.

Da haben wir nun den Salat,
den uns der liebe Gott geschenkt,
damit der Mensch noch auf dem Rad
beim Schwitzen an den Schöpfer denkt.

V. VERGRÜBELTES

Kleinbürgeridylle

Ich wohn gemütlich unterm Dach,
zahl hundertachtzig kalt,
hab einen schönen Brotberuf
mit dreizehntem Gehalt,

ich hab kein Weib und auch kein Kind
und deshalb keine Sorgen,
und wenn ich etwas kaufen will,
muss ich kein Geld mir borgen.

Das, was ich mir nicht leisten kann,
das träum ich mir herbei,
ich hab um sechs Uhr Ladenschluss
und jeden Abend frei.

So stell ich mir mein Leben vor,
zumindest ungefähr,
und wünsch mir dennoch dann und wann,
dass alles anders wär.

Kater nach London

Da wachst du auf und schaust dich um,
mit schwerem Kopf, und wunderst dich,
wie eng die Welt um dich herum
und winzig ist und krümelig,

und staunst, dass diese kleine Welt
die kleinen Brötchen, die sie bäckt,
im Ernst für groß und wichtig hält
und gar nicht weiß, wie Weltstadt schmeckt.

Du schnappst nach Luft, kratzt dich am Ohr
und kommst dir bloß und elend vor,
denn plötzlich ahnst du ungefähr,
was *noch* im Leben möglich wär.

Nirgendwo

Ich träume ohne Unterlass
von einem fernen Ort,
ich lebe hier und lebe jetzt
und denke doch an dort.

Und bin ich dort, dann blicke ich
auf das, was war, zurück
und schaue auf die Gegenwart
und träum von *neuem* Glück.

Ich wünsche mich nach anderswo,
ich sehn mich ohne Pause,
bin hier und da, bin irgendwo
und nirgendwo zu Hause.

Neujahrstag

Vergangen ist das alte Jahr,
mit schwerem Kopf blickst du zurück:
beträchtlich war die Plackerei
und übersichtlich war das Glück.

All deine Ziele, Wünsche, Träume,
wie Berge liegen sie vor dir,
verschlafen sind die guten Geister,
verkatert ist die Lebensgier.

Ein frohes neues Jahr, euch Zweifeln,
dir, Schwermut, und dir, Unzufriedenheit!
Wahrscheinlich sehen wir uns wieder
im nächsten Jahr zur gleichen Tageszeit.

Herbstanfang

Es kommt die Zeit der großen Stille,
des kurzen Tags, der langen Nacht,
die Zeit, die Hoffnung, Mut und Wille
ganz regungslos zu Nichte macht,

in der ein kaltes Irgendwas
die Farben von den Bäumen fegt,
die Zeit, in der sich kühl und nass
ein Schatten auf die Seele legt,

in der kein Blau vom Himmel fällt,
der Nebel sich ins Fenster lehnt,
in der man schweigend Rückschau hält
und sich nach Unbekanntem sehnt.

Im Herbst

Wenn sanft die Blätter fallen,
fällst sanft auch du mir ein,
und wenn die Winde hallen
im Rosskastanienhain,

hallt mir durchs herbstliche Gemüt
dein frühlingshaftes Lachen.
Verwelkte Zeit, sie grünt und blüht,
um Wehmut zu entfachen!

Doch Blätterfall und Windeshall,
sie sind schon bald vorbei,
dann wird es Winter überall
und wenig später: Mai!

Vergebens

Man sieht sich, trifft sich, mustert sich,
empfindet Sympathie,
man unterhält sich angeregt
und findet's schön wie nie.

Man träumt und hofft und fühlt sein Herz
schon sehnsuchtsvoll entflammen,
würd gerne eng verbunden sein
und kommt doch nicht zusammen.

Schwerhörig

Man weiß so vieles und will es nicht wissen,
man ahnt so manches und streitet es ab,
man leidet an diesem und mag es nicht missen,
man quält sich mit jenem und spielt es herab.

Man lässt sich von unscharfen Sehnsüchten stören,
konturenlos träumend vom folgenden Tag,
anstatt auf die innere Stimme zu hören,
die vieles so klar zu benennen vermag.

Nichts Neues

Es gibt nichts Neues in der Kunst!
Sie selbst legt die Gewissheit nah:
das, was du heute schaffen willst,
war vorher schon und besser da.

Bescheiden blick zurück und sieh,
was andre vor dir trieben,
du hast, was sie beschäftigt hat,
nur etwas fortgeschrieben.

Das Garn, mit dem du Stoffe spinnst,
es stammt von deinen Ahnen,
die Hemdchen, die du nähst, sie sind
aus Wolle von Titanen.

Die Bilder, die du malst, sind alt,
und neu ist nur ihr Rahmen.
Du tust das, was man früher tat,
nur unter anderm Namen.

Kein Gedicht

Heute gibt es kein Gedicht,
heute küsst die Muse nicht,
es gibt heut nichts zu schreiben,
und dabei soll es bleiben!

Ein Dichter, der auf seinem Blatt,
obwohl er nichts zu sagen hat,
von Vers zu Vers sich hangelt
und müd nach Worten angelt,

dem sollte man an Lesers Statt,
damit die Qual ein Ende hat,
die Müdigkeit verzeihen
und einen Preis verleihen!

Kurzgedicht

Gedanken kommen und gehen,
sie steigen kurz empor
und treten dann gelegentlich
als ein Gedicht hervor.

Erst neulich war es, dass ich selbst
als Kurzgedicht begann,
ein flüchtiger Gedanke,
auch ich geh irgendwann.

Jugend und Alter

Jugend meint, man lebe ewig,
Alter weiß, man tut es nicht.
Jugend denkt nicht an das Ende,
Alter schaut ihm ins Gesicht.

Jugend schöpft noch aus dem Vollen,
schert sich nicht um Ziel und Frist,
Alter rechnet, denkt in Jahren,
weiß, dass alles endlich ist.

Leben

Sinnlos ist das ganze Stöhnen,
doch bisweilen scheint es eben
etwas schwierig, sich im Leben
an dasselbe zu gewöhnen.

Ist die Hürde überwunden
und hat man sich Schritt um Schritt
mit dem Leben abgefunden,
ist es schon vorbei damit.

Grammatisches Problem

Wer bin ich, was kann ich, was hab ich zu tun,
wie soll ich mich definieren?
Was soll ich bedeuten, ich winziges Wörtchen,
als was nur im Satzbau agieren?

Würde mich gern besser einordnen können,
gerne mich klassifizieren.
Unregelmäßiges Verb, das ich bin,
wie soll ich mich konjugieren?

Plötzlich Glück

Die Schatten haben sich gelegt,
und auf dem Hof kehrt Friede ein.
Das welke Laub ist weggefegt,
du sitzt im Abendsonnenschein,

wirst still und ruhig und innerlich,
ein stummer Gockel auf dem Mist,
und du bemerkst und wunderst dich
und freust dich plötzlich, dass du bist.

VI. GESCHEITES

Zum Glück

Es führt kein grader Weg zum Glück,
doch solltest du es nicht versäumen,
ihm auf seinem Weg zu dir
die Stolpersteine wegzuräumen. –

Es wird das Glück nur dem verleidet,
der nie im Leben sich entscheidet.
Lieber einmal falsch entschieden
als nie im Leben richtig
und lieber alles ernster nehmen
als niemals etwas wichtig. –

Glücklich wird der Mensch nur dann,
wenn er weiß, was er will, und weiß, was er kann. –

Es braucht nicht viel, um glücklich zu sein:
ein erreichbares Ziel, ein Stück Brot, ein Glas Wein,
den Alltag bezwungen, die Arbeit verrichtet,
das Schwere durchdrungen und das Krumme gerichtet.

Ballonfahrt

Manchmal muss man Abschied nehmen,
    um sich zu erheben,
und Lasten von sich stoßen,
    um die Schwerkraft zu besiegen,
lassen, was zu Boden drückt,
    sich trennen, um zu leben,
und Ballast von sich werfen,
    um zu fliegen.

Hab keine Angst!

Hab keine Angst, es lohnt nicht,
die Courage zu verlieren!
Es wird, was man dir prophezeit,
dir selten nur passieren!

Kommt jemand dir mit gutem Rat
und tut dabei sehr wichtig,
dann tu genau das Gegenteil,
und meistens liegst du richtig!

Lass durch die Angst der anderen
dich nicht vom Weg abbringen!
Was *andern* nicht gelungen ist,
kann *dir* sehr wohl gelingen!

Hüte dich!

Hüte dich vor dem Gequatsche
derer, die gern diskutieren –
diskutieren mit den Quatschern
heißt meist einfach: Zeit verlieren!

Meide das Gespräch mit ihnen,
schone dich und halt dein Maul,
denn die allermeisten Quatscher
sind zum Handeln nur zu faul!

Mach stattdessen jede Stunde
für die kleinen Taten Raum,
sie sind allemale besser
als ein lang bequatschter Traum!

Steh auf!

Die Zeit, sie vergeht, ob du willst
    oder nicht,
und alles läuft still vor sich hin,
das tägliche Leben geht stur gradeaus,
meist ohne tieferen Sinn.

Du kannst dich beschweren, du kannst dich
    bedauern,
du kannst dich mit Klagen aufhalten –
wenn *du* nichts veränderst, wenn *du* nichts
    gestaltest,
bleibt alles im Leben beim Alten.

Red nicht!

Red nicht, tu!
Klag nicht, handle!
Schlaf nicht, wandle
und sei *du!*

Komm, sieh zu!
An die Waffen!
Wer soll's schaffen,
wenn nicht *du?*

Einladung

Lasst uns etwas Schönes schaffen,
das die Seele weiter macht,
etwas in die Wolken werfen,
das den Sonnenschein entfacht:

singen gegen schlechte Laune,
Kuchen backen gegen Frust,
Lieder dichten gegen Kummer,
malen für die Lebenslust,

musizieren gegen Missmut,
schreiben gegen Traurigkeit,
über nebelgraue Sorgen
Himmel spannen, blau und weit!

Lasst uns etwas künstlerischer,
etwas übermütig sein
und gemeinsam Frohsinn pfeifen!
Trübsal bläst sich von allein.

VII. FROMMES

Gott

Häufig bleibt Gott unerkannt
    und zieht es vor zu schweigen,
häufig kann man Gott
    nur schwer verstehn,
doch manchmal reißt er Dächer ein,
    um einen Stern zu zeigen,
und Ähren aus dem Feld,
    um frisch zu säen.

Häufig lässt dich Gott im Stich,
    allein, verzagt und matt,
häufig bläst Gott Träume
    fort wie Spreu,
doch manchmal setzt er unbemerkt
    dich vor ein leeres Blatt
und schreibt mit seiner Hand
    dein Leben neu.

Gott für mich

Ist Gott für mich, wer kann im Ernst
dann gegen mich noch sein?
Ist Gott für mich, wie mein ich dann,
ich sei allein?

Ist Gott für mich, dann stehe ich
auf festem Boden überall.
Ist Gott für mich, dann bringt im Sturm
mich nichts zu Fall.

Und schwankt der Boden unter mir
und neigt die Sonne sich
und fang ich dann zu straucheln an,
ist Gott für mich!

Bethlehem

Bethlehem, du kleines Städtchen,
schau, welch heller Stern dir scheint!
In der Krippe liegt das Wunder:
Gott und Mensch, im Kind vereint!

Bethlehem, du kleines Städtchen,
in dein Dunkel strahlt ein Licht,
denn es zeigt im Krippenkinde
Gott sein menschliches Gesicht!

Bethlehem, du kleines Städtchen,
heute Nacht wird offenbar,
dass der Himmel seiner Erde
nie und nirgends näher war!

Gottessohn

Deine Schnauze möcht ich haben,
deinen Mut, du Gottessohn,
deine Unbestechlichkeit
und deinen unerschrocknen Ton!

Kaum ein andrer hat die Dinge
klar wie du beim Namen genannt,
und kein andrer mit der Wahrheit
sich so sehr das Maul verbrannt.

Lehr mich, Jesus, wie du selber
nicht den Himmel zu verschweigen
und von Gott nicht schön zu reden,
sondern liebend ihn zu zeigen!

Agnostisches Credo

Ob da oben jemand ist,
über Wirklichkeit und Schein,
über Werden und Vergehn,
ich weiß es nicht, es könnte sein.

Ob da jemand auf mich schaut,
auf mich in meinem Schneckenhaus,
der von ferne fest mich hält,
ich gehe einmal davon aus.

Ob mir eine höhere Macht
im tiefsten Elend helfen kann,
ein Anfang, Kern und Ziel der Welt,
ich weiß es nicht, ich nehm es an.

Unsichtbares fremdes Wesen,
tief verborgnes Vis-à-vis,
ich seh dich nicht, ich kenn dich nicht
und rechne mit dir, irgendwie.

Gebet des Müden

Herr, sei Rat,
ich weiß nicht mehr,
Herr, sei Kraft,
ich kann nicht mehr!

Herr, sei Licht,
ich seh nicht mehr,
Herr, sei Mut,
ich will nicht mehr!

Herr, sei Weg,
es geht nicht mehr,
Herr, dir sei Lob
und Preis und Ehr!

Psalm

Schwermutgraues Himmelszelt,
    nebelbleiches Feld,
trostlos ist die Gegenwart
    und schwarz die ganze Welt,
undurchdringlich ist das Leben,
    mutlos jeder Schritt,
mühsam jeder Atemzug
    und kraftlos jeder Tritt.

Dunkel ist die Dämmerung,
    schlaflos ist die Nacht,
ungewiss, was morgen sein wird,
    wenn der Tag erwacht,
meine Zukunft ein Gebirge,
    meine Seele matt,
alle Pläne, alle Träume
    wie ein leeres Blatt.

Du, Gott, siehst mich, du Gott hältst mich,
    ob ich liege oder geh,
du verstehst mich aus der Ferne,
    wenn ich selbst mich nicht versteh,
Brücke über meinen Abgrund,
    mein Geländer und mein Steg,
du, mein Gott, bist Richtung,
    Ziel und Weg!

Orgelpredigt

Die Welt ist klein, in der du lebst,
all deiner Eitelkeit zum Spott,
vergänglich das, wonach du strebst,
und über allem waltet: Gott.

Mensch, denk daran: du wirst vergehn,
es endet deine kleine Welt,
doch der im Himmel bleibt bestehn,
mit dem das Leben steht und fällt.

Die Zeit vergeht

Die Zeit vergeht und mit ihr tausend andre Sachen
aus unsrem kleinen Schrebergartenglück,
für das wir ackern, strampeln, tun und machen,
sie weichen, fliehen, schwinden Stück um Stück.

Die Zeit vergeht mit tausend Freuden und Genüssen,
mit dem, wonach wir ach so eifrig streben.
Herr, lehre uns bedenken, dass wir sterben müssen,
und mach uns klug, damit wir weise leben!

Was zu tun wäre

An Gott sich klammern, um nicht zu sinken,
um frei zu werden, an Gott sich binden,
auf Gott sich stützen, um nicht zu fallen,
und nach Gott suchen, um sich zu finden.

An Gott sich hängen, um nicht zu stürzen,
nach Gott verlangen, um recht zu tun,
Gott Gott sein lassen, um Mensch zu werden,
in Gott sich legen, um zu ruhn.

GEDICHTEVERZEICHNIS

Agnostisches Credo	112	Gebet des Müden	113
Antichristen	32	Gott	108
		Gott für mich	109
Ballonfahrt	101	Gottessohn	111
Bei uns in Westfalen	38	Grammatisches Problem	97
Bethlehem	110		
Betracht	13	Hab keine Angst!	102
Bierfest	52	Handwerker	30
Bitte an die Schwaben	36	Herbstanfang	88
Bitte an die Westfalen	37	Hübsch gesagt	64
		Hüte dich!	103
Clubanfrage	53		
		Im Schwimmbad	16
Das Meer	70	In der Straßenbahn	12
Deichwanderung	69	In Gesellschaft	58
Denk an das Meer	71	Internet	22
Der freundliche Verkäufer	34		
Die Entstehung des Rothaargebirges	82	Jugend und Alter	95
Die Zeit vergeht	117	Karneval	50
		Kater nach London	85
Einladung	106	Kein Gedicht	93
Einwände	46	Kirchliche Denkschrift	61
Entschlossenheit	48	Kleinbürgeridylle	84
Erster Mai	51	Körperpflege	42
		Küchendrama	21
Fährfahrt I	74	Kunstverein	54
Fährfahrt II	75	Kurzgedicht	94
Fast	10		
Festvortrag	60	Leben	96
Frauschau	44	Lebenslauf	40
Freunde	26		
Frustrierte	28	Mintenbecke	78
Frustriertenlied	29	Moderne Lyrik	56
		Morgenstimmung	81

Murphys Gesetze	19
Nasenurlaub	77
Neue Häuser	20
Neujahrstag	87
Nicht wie die andern	66
Nichts Neues	92
Nirgendwo	86
Orgelpredigt	116
Ostfriesland	76
Plötzlich Glück	98
Posaunenchor	62
Psalm	114
Rasenmähen	17
Red nicht!	105

Schwaben	35
Schwerhörig	91
Steh auf!	104
Stell dich vors Meer	72
Vergebens	90
Verpackungswahn	24
Was zu tun wäre	118
Wie bisher	18
Wieder	80
Zu Besuch	59
Zugfahrt	68
Zum Glück	100

Weitere Bücher vom Autor:

Liebes- & Hiebesgedichte
Frankfurt a. M.: Fouqué Verlag, 1998
107 Seiten. kartoniert
ISBN 3-8267-4151-X

Na also, sprach Zarathustra. Gedichte
Ulm: Jörn Heller Verlag, 1999
127 Seiten. kartoniert
ISBN 3-00-004443-4

Feierabendgedichte
Ulm: Jörn Heller Verlag, 2000
125 Seiten. kartoniert
ISBN 3-935555-00-8

Singelingeling. Junggesellenlyrik
Siegen: Jörn Heller Verlag, 2009
128 Seiten. gebunden
ISBN 978-3-935555-03-6

Schluss für heute. Gedichte nach Feierabend
Siegen: Jörn Heller Verlag, 2013
128 Seiten. kartoniert
ISBN 978-3-935555-04-3

Nur mal so. Gedichte für zwischendurch
Siegen: Jörn Heller Verlag, 2015
128 Seiten. kartoniert
ISBN 978-3-935555-06-7

JÖRN HELLER, gelernter Theologe und Buchhändler, wurde 1967 im westfälischen Lüdenscheid geboren und fühlt sich zur Zeit immer noch so wohl, dass man über den Zeitpunkt seines Ablebens nichts Genaues sagen kann. Zahlreiche Stipendien, Förderpreise und sonstige Auszeichnungen blieben ihm erspart, doch der überwältigende Erfolg seiner Bücher beweist: es geht auch ohne!

Weitere Informationen unter: www.joernheller.com